DIÓGENES,

O SÓCRATES ENLOUQUECIDO

Copyright © 2024 Samira Thomas (texto)
Copyright © 2024 Christiane Costa (ilustrações)
Copyright desta edição © 2024 Editora Yellowfante

Todos os direitos reservados pela Editora Yellowfante. Nenhuma parte desta publicação poderá ser reproduzida, seja por meios mecânicos, eletrônicos, seja via cópia xerográfica, sem a autorização prévia da Editora.

EDIÇÃO GERAL
Sonia Junqueira

ASSISTENTE EDITORIAL
Julia Sousa

REVISÃO
Julia Sousa

DIAGRAMAÇÃO
Christiane Costa
Juliana Sarti

CAPA E PROJETO GRÁFICO
Christiane Costa

Dados Internacionais de Catalogação na Publicação (CIP)
(Câmara Brasileira do Livro, SP, Brasil)

Thomas, Samira
   Diógenes, o Sócrates enlouquecido : um conto filosófico / Samira Thomas ; ilustrações Christiane Costa. -- Belo Horizonte : Yellowfante, 2024.

   ISBN 978-65-84689-87-9

   1. Contos brasileiros 2. Filosofia I. Costa, Christiane. II. Título.

23-152657   CDD-B869.3

Índices para catálogo sistemático:

1. Contos : Literatura brasileira B869.3

Tábata Alves da Silva - Bibliotecária - CRB-8/9253

A **YELLOWFANTE** É UMA EDITORA DO **GRUPO AUTÊNTICA**

Belo Horizonte
Rua Carlos Turner, 420
Silveira . 31140-520
Belo Horizonte . MG
Tel.: (55 31) 3465-4500

São Paulo
Av. Paulista, 2.073 . Conjunto Nacional
Horsa I . Sala 309 . Bela Vista
01311-940 . São Paulo . SP
Tel.: (55 11) 3034-4468

www.editorayellowfante.com.br
SAC: atendimentoleitor@grupoautentica.com.br

SAMIRA THOMAS
ILUSTRAÇÕES: **CHRISTIANE COSTA**

DIÓGENES,
O SÓCRATES ENLOUQUECIDO

UM CONTO FILOSÓFICO

Yellowfante

Agradecimentos

Para Cláudia Padovani, amiga de alma com a qual o mundo fica mais leve.

Um agradecimento especial ao Henrique Félix e seu olhar atento, a quem devo a indicação deste livro para publicação.

*"Um cego na fronteira, filósofo da zona,
Me disse que era um dervixe,
Eu disse pra ele, camarada,
Acredito em tanta coisa que não vale nada."*

"Canção noturna", Skank

01

Contam os historiadores antigos que no século IV a.C., na cidade-Estado de Atenas, na Grécia, um homem morava em um barril cercado de seus cachorros. Não era um homem qualquer. Muitos, por alguma razão, o chamavam de sábio, embora outros dissessem que não passava de um louco.

Durante o dia ele esmolava, com sua túnica rústica e seu cajado de madeira, vagando pelas ruas da pólis com uma lamparina nas mãos à procura de um homem honesto. À tarde ou à noite, voltava para seu antro.

02

Chamava-se Diógenes e tinha sido exilado da cidade grega de Sinope, na costa meridional do Mar Negro, onde nascera, por ter desfigurado as moedas da cidade, um crime considerado grave naquele tempo.

Poucos entenderam, no entanto, a verdadeira intenção da violação cometida por Diógenes, pela qual ele fora desonrado. Adulterar as moedas, apagar suas efígies foi um modo original que ele encontrou de protestar contra os costumes e a tradição de sua época.

Seu comportamento fora dos padrões e seu discurso contra o que ele considerava "os falsos valores da sociedade" não tardaram a atribuir a ele a fama de filósofo das ruas. Desde então, metaforicamente, ele nada mais fez do que "desfigurar a moeda".

03

Diógenes não morava em um barril por não ter casa ou não conseguir trabalho, mas por vontade própria. Ele até poderia ter uma casa, se quisesse, em vez de dormir ao relento. Até um bom emprego ele poderia arranjar se fosse do seu desejo. Mas Diógenes era mendigo por opção.

Ele também não usava o cajado por ter dificuldade para andar. Para ele, o cajado era o símbolo do peregrino, o guia da vida errante. Embora fosse um morador de rua, ostentava um corpo viril e uma saúde invejável, frutos de sua disciplina física e mental e de uma alimentação frugal.

Percorria grandes distâncias ao longo do dia. Preferia água ao vinho, e frutas e ervas aos grandes banquetes. A brisa marinha e a fragrância das oliveiras inebriavam seu espírito. Diógenes levava uma vida comedida, longe das paixões e das ilusões criadas pelas convenções da sociedade.

04

Os cronistas narram que, certa vez, o imperador Alexandre Magno passava pelas ruas de Atenas, com sua guarda e seus áulicos, e quis conhecer Diógenes. Fazia uma magnífica manhã de sol, e o mendigo estava estirado na entrada de seu barril, como sempre fazia assim que acordava, cercado de seus cachorros, aproveitando a mornidão dos raios solares.

Alexandre era um imperador ilustrado. Na adolescência, tinha sido aluno do grande filósofo Aristóteles, que ensinara a ele as bases do pensamento antigo, da filosofia clássica e da literatura de Homero. Agora Alexandre era o poderoso imperador da Macedônia, o conquistador implacável de vastos territórios, entre eles a própria Grécia.

Por sua formação erudita, ao tomar conhecimento da fama de sábio de Diógenes, Alexandre prometeu a si mesmo que um dia conheceria pessoalmente o filósofo-mendigo de Atenas.

05

Um dia, ao passar pelas ruas de Atenas, o imperador aproximou-se de Diógenes e o cumprimentou com reverência:

– Muito saudar, Diógenes!

O filósofo não esboçou movimento, concentrado no prazer que extraía do contato com o sol.

– Ouvi falar muito bem de você – continuou o imperador. – Muitos o admiram.

Como o mendigo não se voltasse para encará-lo, Alexandre perguntou:

– Você sabe quem eu sou?

Diógenes continuou impassível como um camaleão.

– Sou Alexandre, autoridade máxima do Império – disse o imperador, sem mostrar arrogância. – Eu também o admiro, Diógenes. Peça o que quiser.

06

É de supor que, morando em um velho tonel de vinho, sujo e em trapos, Diógenes poderia pedir ao imperador que lhe arrumasse comida, roupas e uma boa casa onde pudesse tomar banho com frequência. Poderia ainda pedir que lhe arranjasse um emprego no vasto Império Macedônico, uma vez que possuía boa instrução. Mas Diógenes, sem olhar para o soberano, apenas disse:

– Não me tire o que não pode me dar.

O imperador e os áulicos entreolharam-se, sem entender. Alexandre julgou que Diógenes não havia compreendido suas palavras. E voltou à carga.

– Eu disse que você pode pedir o que quiser, Diógenes – disse Alexandre, tomando cuidado para não melindrar o mendigo.

Diógenes então, erguendo o braço direito num gesto de impaciência e pela primeira vez encarando Alexandre, disse:

– Não me faça sombra. Devolva o meu sol.

07

Os áulicos de Alexandre e os soldados da sua escolta tiveram ímpeto de rir da estupidez do imperador. Como ele podia dar ouvidos a um pobre-diabo, um sujeito molambento que não tomava banho havia semanas e cujo mau cheiro os fazia tapar o nariz? Para os auxiliares mais próximos do soberano, não havia dúvidas de que Diógenes não passava de um demente. Só não riram por temerem a reação de Alexandre, que, depois daquela resposta insolente, parecia ainda mais admirado com Diógenes.

O imperador levou alguns segundos para compreender o que Diógenes dissera na primeira resposta. Ele podia ser Alexandre Magno, a autoridade máxima do maior Império do Ocidente, mas não tinha o poder de dar a Diógenes aquilo que ele considerava o seu maior bem: a luz do sol.

08

Alexandre fez o que Diógenes pedira. Saiu da frente do sol e retirou-se do local, para frustração dos que presenciaram a cena. Muitos ali queriam que o imperador punisse severamente a insolência do mendigo. Se quisesse, pensaram, Alexandre poderia ter mandado matar Diógenes por aquele atrevimento.

De volta a seu palácio, contudo, a sós com seus principais auxiliares, Alexandre segredou, para espanto deles:

– Sabem de uma coisa? Se eu não fosse Alexandre, queria ser Diógenes.

09

Não foram apenas os áulicos do imperador e os homens da sua guarda que presenciaram a cena. Os mendicantes que costumavam circular pelo local também viram que Diógenes tratou o imperador como se este fosse um cidadão comum.

Como não gostavam de Alexandre, trataram logo de espalhar entre os miseráveis e desvalidos da pólis que Diógenes tinha colocado o homem mais poderoso do Império em seu devido lugar.

Depois daquele dia, Diógenes virou um herói entre os despossuídos de Atenas.

10

O próprio Diógenes, no entanto, não se impressionou com o que tinha acontecido. Ele não reconhecia as autoridades políticas e religiosas de Atenas. E, por não reconhecê-las, não as respeitava.

Sua vida seguiu da mesma forma, de acordo com o que ele pensava de si mesmo: "Um homem sem lar, sem cidade, um cidadão do mundo, banido da pátria, um mendigo errante perambulando sem destino um dia após o outro".

11

Alguns dias depois, numa tarde de apresentação das Dionisíacas no teatro da cidade, um jovem veio falar com Diógenes. Era um estudante de Filosofia. A fama de filósofo de Diógenes começava a ganhar vulto. Sua postura radical em relação às autoridades e às convenções da sociedade grega angariava o respeito de muitos cidadãos atenienses, principalmente entre os mais pobres.

Outros, porém, o execravam. Não entendiam como um pária que andava quase nu, comendo na rua e aliviando suas necessidades naturais em qualquer lugar, como um cão, que se recusava a trabalhar e vivia pedindo esmola às estátuas, podia ser considerado um filósofo.

Embora a Grécia houvesse capitulado ante o poder do exército de Alexandre, o modelo de filósofo que os atenienses traziam na memória ainda eram as figuras de Sócrates, de Platão e de Aristóteles. E Diógenes estava longe de ser um deles.

12

O que muitos não sabiam é que Diógenes tinha tido uma educação letrada na juventude. Por algum tempo, frequentara o ginásio Cinosarges, a Escola socrática de Antístenes, o precursor do cinismo, que por sua vez tinha sido seguidor de Sócrates. Foi com Antístenes que Diógenes aprendeu que a virtude está mais em atos e atitudes do que em palavras e discursos. Além disso, Diógenes conhecia o pensamento de Sócrates por meio de seu discípulo Platão, que começava a escrever sobre o que tinha aprendido com seu mestre. O próprio Platão, no entanto, não gostava de Diógenes. Costumava dizer que Diógenes era "um Sócrates enlouquecido".

13

O jovem estudante se apresentou e disse que tinha uma pergunta a fazer a Diógenes.

Apesar da aspereza com que tratara o imperador, Diógenes era um homem afável. Olhou para o jovem e disse que ficasse à vontade para perguntar o que quisesse.

O jovem então falou:

– Ouvi sua conversa com o imperador, Diógenes. Por que fez aquilo?

Diógenes não deixou de se irritar com a pergunta. Para ele, aquele era um assunto encerrado do qual já tinha até se esquecido. Mas a dúvida do jovem lhe pareceu sincera. E a sinceridade era um sentimento que ele prezava.

Pensou em responder com palavras, mas, ao perceber que a peça apresentada no teatro terminara naquele exato instante e que a multidão saía em grandes levas do recinto, resolveu fazer isso da melhor forma que concebia, conforme aprendera com Antístenes: com a ação.

– Me espere aqui e observe – disse ao jovem, que não entendeu nada, mas fez o que Diógenes havia pedido.

14

Diógenes então caminhou até a turba e se misturou às pessoas. Muitas delas se assustaram com a presença do mendigo entre cidadãos vestidos com esmero, impregnados das melhores essências – afinal, uma peça de teatro era um dos eventos mais prestigiados da pólis. Ali as pessoas se divertiam, se educavam, purificavam o espírito, mas também aproveitavam para exibir suas vestimentas e sua cultura letrada. E Diógenes, além de tudo, cheirava mal, o que repugnou ainda mais os que se encontravam na turba.

O jovem continuou observando de longe e viu que Diógenes se infiltrou até certo ponto na multidão e depois começou a caminhar no sentido contrário ao das pessoas. Todas andavam em uma direção, e Diógenes, às vezes esbarrando em algumas delas e sendo xingado por isso, ia na direção oposta.

Quando a massa se dispersou, Diógenes voltou para onde deixara o jovem e perguntou:

– Isso responde à sua pergunta?

Atônito e quase se convencendo naquele instante de que Diógenes era mesmo um mentecapto, o jovem respondeu que não tinha entendido nada.

– Você apenas entrou no meio da multidão e começou a caminhar contra as pessoas. O que isso tem a ver com o que eu perguntei?

Diógenes então disse:

– É isso o que tenho feito a minha vida toda.

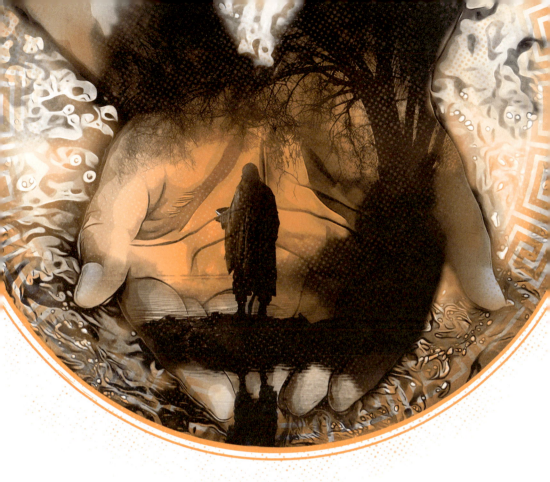

15

Por essa época, Diógenes guardava em seu barril uma cabaça que achara certa vez na rua e usava para beber água. Ele se alimentava de frutas e ervas, que colhia em árvores das proximidades, e de pedaços ou crostas de pão que algum simpatizante de vez em quando lhe oferecia.

A alimentação frugal garantia-lhe a boa saúde e a força de que precisava para deambular durante o dia pela cidade, com sua lamparina e seu cajado, e fazer seu discurso contra os valores da cidade.

Um dia, ao passar por uma viela, próxima a um ribeirão, viu uma criança abaixar-se para beber água do próprio rio. Era uma criança miserável, certamente não possuía sequer uma gamela para armazenar água.

Diógenes observou o menino por alguns segundos. Viu que ele fazia das mãos uma pequena concha para recolher a água e levá-la à boca. E se sentiu indigno de si mesmo.

Naquela tarde, ao voltar para o barril, a primeira coisa que fez foi lançar longe sua cabaça. Se o menino tomava água diretamente do leito do rio usando as próprias mãos, dali por diante ele passaria a fazer o mesmo.

16

Um dos momentos em que as pessoas mais se convenciam de que Diógenes não era normal acontecia quando o viam pedir esmola às estátuas. Era uma cena curiosa, e muitos paravam para assisti-la.

Diógenes se aproximava da estátua e a fitava com gravidade, como se a escultura fosse uma pessoa de verdade. Não fazia ar de coitado, porque seu porte era sempre esguio e altivo, nem dizia palavra. Estendia uma das mãos com a palma voltada para cima e esperava alguns segundos, como se a estátua fosse realmente lhe oferecer um óbolo.

Diante da completa imobilidade da escultura, ele retomava serenamente sua peregrinação, apoiando-se no cajado e conduzindo a lamparina, até encontrar outra estátua, quando a cena se repetia.

17

Nas noites de inverno, em que as estátuas da pólis se cobriam de gelo, Diógenes praticava outra de suas manias. Saía descalço e quase nu pelas ruas, caminhando sobre a camada de neve e abraçando as esculturas, como um modo de preparar o corpo para o frio da madrugada.

Da mesma forma, nos dias tórridos de verão, para suportar o calor ateniense, ele rolava pelas areias escaldantes da orla.

18

Mas Diógenes também pedia esmola às pessoas, ainda que preferisse as estátuas. Ele dizia que, assim, se acostumava a não esperar nada de ninguém.

Um dia, o mesmo estudante que o interpelara na saída do teatro perguntou a ele se não era angustiante pedir esmola a um pedaço de pedra esculpido em forma de ser humano, que não tinha alma nem espírito nem coração, apenas um olhar cego que não podia vê-lo.

Diógenes respondeu-lhe:

– Mais angustiante, meu caro jovem, é receber a recusa de alguém de carne e osso, que tem alma, espírito e coração. Que tem olhos, mas se recusa a enxergar o outro.

O jovem não deixou de concordar. Parecia ter algum apreço pelo mendigo e sempre lhe arrancava alguns minutos de prosa quando o encontrava na rua.

– Mas você não vê que toda essa gente ri de você quando estende a mão às estátuas?

Ao que Diógenes respondeu:

– Também os asnos se riem dessa gente toda, meu rapaz, mas nem eles dão atenção aos asnos nem eu dou atenção a eles.

19

Outro gesto de Diógenes que divertia alguns cidadãos e colocava em dúvida sua sanidade mental era o de perambular pelas ruas com uma lamparina acesa à procura de um homem.

Por "homem" Diógenes queria dizer um homem de verdade, como ele o concebia: honesto, livre das convenções sociais, autônomo, ligado à natureza, como os cães.

– Encontrou o homem? – zombavam as pessoas, ao passarem por ele na rua.

– Apaga a lamparina, Diógenes! – gracejavam outros, ao notarem que ele trazia a lamparina acesa em plena luz do dia, o que tornava a situação ainda mais absurda.

Diógenes não se importava e prosseguia impassível. "É melhor sofrer um mal do que cometê-lo", filosofava.

Uma vez apenas, em que estava bastante cansado, ele se abateu com as provocações e disse baixinho para si mesmo:

– Homens bons não vi em lugar algum. Mas vi bons meninos na Lacedemônia.

20

No entanto, nem mesmo ele estava imune ao mal. Em outras ocasiões, era Diógenes quem o cometia.

Certa feita, tomado de fúria contra as mentiras e a hipocrisia dos seres humanos, dirigiu-se à ágora e começou a gritar, em tom de exaspero:

– Homens! Homens!

Vários homens ouviam um discurso na tribuna. Mesmo sendo Diógenes quem gritava, julgaram que algum mal o acometia e correram para ajudá-lo.

Ao se aproximarem, viram o esmoleiro levantar-se com presteza, encarar a todos com sarcasmo e dizer:

– Pedi homens, não canalhas!

Se não tivesse bom preparo físico para correr, Diógenes teria sido linchado ali mesmo.

21

Por causa desse episódio, Diógenes teve de passar alguns dias sem aparecer no barril, sob risco de ser agredido e talvez até morto por alguns dos homens que andaram passando por ali nos dias seguintes para ver se o encontravam. Alguns chegaram a chutar o barril, mas, como era um tonel pesado, feito de madeira resistente, desistiram de destruí-lo e foram embora. Com o passar dos dias, acabaram deixando para lá mais aquele desaforo de Diógenes.

Ninguém sabia dizer onde o mendigo dormira naqueles dias. Na rua ou no pátio de algum templo, certamente, mas ninguém sabia exatamente onde. O que sabiam é que provavelmente ele não tinha passado aperto. A rua era seu hábitat.

22

Certa vez, o filósofo Anaxímenes discursava próximo ao mercado, atraindo grande número de ouvintes. Ao perceber a aglomeração de pessoas, Diógenes parou e passou a ouvir o que Anaxímenes dizia. O filósofo discorria sobre o ar infinito que, segundo ele, seria a substância primordial do Universo, uma teoria que Anaxímenes repetia como um mantra por onde quer que fosse.

23

Era comum nos primeiros tempos da Filosofia que os pensadores escolhessem um elemento da natureza para explicar a existência das coisas. Tales, por exemplo, havia escolhido a água como elemento primordial; Pitágoras, os números; Demócrito, os átomos; Heráclito, por sua vez, o fogo, que representava o movimento; e Parmênides, a estabilidade, a permanência das coisas.

Anaxímenes fazia parte dessa tradição. Para ele, o ar era a substância que explicava a existência das coisas no Universo, pois estava em todos os lugares.

24

Diógenes começou a rir baixinho. "Que patife!", pensou consigo mesmo. "Como pode enganar os ignorantes?" Mas nada fez. Continuou a ouvir o discurso. Sua mente trabalhava rápido. Ele precisava fazer alguma coisa. Não podia deixar que um idiota dissesse tantas tolices nas suas barbas sem fazer nada para impedir.

25

Foi então que viu alguns peixes expostos nas bancadas do mercado. Diógenes caminhou até lá, aproximando-se como se fosse comprar um dos peixes. Porém, num movimento rápido, agarrou um deles pelo rabo e disparou na direção da multidão que ouvia Anaxímenes.

Ao verem aquele homem em andrajos, recendendo a azedume e segurando um peixe, as pessoas abriram caminho, possibilitando a Diógenes chegar bem próximo do filósofo.

Brandindo o peixe no ar como se fosse um pedaço de pano, Diógenes fez com que as pessoas debandassem assustadas, pois não sabiam o que ele queria ou podia fazer.

26

Anaxímenes interrompeu sua falação e olhou estarrecido para Diógenes. Já tinha ouvido falar dele, mas não sabia que sua insanidade atingira um grau tão ostensivo. Conformado com a dispersão dos ouvintes, já se dispunha a se retirar, para não causar mais tumulto. Foi quando ouviu Diógenes gritar em meio aos circunstantes, uns com olhar compadecido, outros que riam, outros ainda que vibravam com suas estripulias:

– Vejam, vejam, um simples peixe salgado acabou com o discurso de Anaxímenes!

E após lançar o pobre peixe pelos ares, soltou uma sonora gargalhada e tratou de vazar do local, pois os funcionários do mercado já chegavam ao seu encalço.

27

Em outra ocasião, o filósofo Platão proferia ensinamentos aos seus pupilos em sua escola, a Academia. Era a escola de Filosofia mais prestigiada de toda a Grécia. Jovens de todas as regiões da Hélade afluíam todos os anos para conversar com Platão, na esperança de que ele os acolhesse como alunos, o que não era tão fácil. Uma das exigências do discípulo de Sócrates era que o pretendente a pupilo possuísse bons conhecimentos de geometria.

A matemática e a geometria eram então duas das principais disciplinas que um jovem devia estudar com afinco para conseguir uma posição de destaque na sociedade grega, principalmente em Atenas. As outras eram a música e a retórica.

Platão, no entanto, levava ao extremo a importância que dava à geometria. Tanto que, na entrada de sua Academia, havia a inscrição: "Não entre nesta escola quem não for geômetra".

28

Naquela tarde, Platão discorria sobre sua concepção de ser humano.

– Os animais terrestres se dividem em bípedes e quadrúpedes – dizia. – Os bípedes, por sua vez, se subdividem em aqueles que têm penas e aqueles que não têm.

De repente, ouviu-se um alvoroço na porta da escola. Todos se voltaram. Era Diógenes, que havia se plantado em uma das portas da Academia e ouvia a fala de Platão.

O filósofo até tentou ignorar o intruso, mas Diógenes fazia caras e bocas em sinal de desaprovação ao que Platão afirmava. Este, no entanto, em respeito aos seus pupilos, que tinham vindo de longe para ouvi-lo, procurava controlar os nervos:

– Portanto, queridos alunos – prosseguia o mestre –, a melhor definição que encontro para o ser humano é que ele é um bípede sem penas.

Ao ouvir isso, Diógenes se afastou da porta, dando a entender que desistira de atazanar o filósofo. Platão respirou aliviado e voltou a se preocupar apenas com seus ensinamentos, esquecendo Diógenes.

29

Minutos depois, porém, Diógenes estava de volta. E não se contentou em ficar apenas na entrada. Invadiu a Academia com um frango depenado na mão. Ele havia ido até o mercado, roubado um frango, depenado cuidadosamente a ave, que agora se encontrava em pelo, e a erguia como um troféu para os pupilos de Platão, enquanto gritava:

– Eis aqui o ser humano de Platão! Um bípede sem penas!

Embora guardassem um enorme respeito pelo mestre, os alunos não puderam evitar o riso.

Furioso, Platão deu a aula por encerrada, pois perdera completamente a concentração e a paciência.
– Você venceu, Diógenes! Fique aí com seu frango! – resmungou o filósofo.

Foi assim que, depois daquele episódio, quando falavam de Diógenes para Platão, ele dizia, sem dissimular a repulsa:

– Não há o que fazer. Diógenes é um Sócrates enlouquecido.

Por seu lado, para Diógenes, Platão personificava tudo aquilo que ele desprezava no típico cidadão grego.

30

Não era por acaso que Platão dizia aquilo de Diógenes. Ninguém conhecia mais o pensamento de Sócrates do que Platão, que convivera com ele por oito anos, antes de seu mestre ser julgado e condenado à morte pelos legisladores de Atenas.

Platão reconhecia que o pensamento de Diógenes era influenciado pelo discurso de Sócrates. Mas achava que ele extrapolava essa influência. Sócrates também fora um pregador das ruas e das praças, como Diógenes. Mas o máximo de extravagância que fazia era levar seu interlocutor ao limite do exaspero, com suas perguntas intermináveis e desconcertantes. Sócrates usava o diálogo e a dialética como método para levar o conhecimento às pessoas. Diógenes empregava a ação satírica, o deboche e o escárnio, e às vezes chegava a ser agressivo.

E assim, com esse método desconcertante, Diógenes ia colecionando muitos filósofos da Grécia entre seus desafetos.

31

Para Diógenes, os filósofos que ele conhecia viviam mergulhados na soberba e na arrogância mediante teorias que não tinham valor nenhum para a vida prática. Além disso, achava que a maioria deles bajulava os ricos e os poderosos, a quem Diógenes reservava suas críticas mais virulentas:

– Na casa de um rico não há lugar para cuspir, a não ser em sua cara – costumava dizer. – Entre os ricos e os pobres de espírito a distância é muito pequena.

Não eram palavras que as pessoas gostassem de ouvir, exceto os próprios mendigos, os bárbaros e os excluídos da cidadania. A maioria dos cidadãos da pólis não queria exatamente ficar rica, mas melhorar de vida e ascender na política. Para isso, muitos deles, ou seus filhos, procuravam as aulas dos sofistas, a quem pagavam bons proventos para que os treinassem na arte da retórica.

Falar bem, brilhar na ágora, saber defender-se das injúrias e difamações, ser admirado por uma oratória magnífica era o horizonte imediato de muitos cidadãos de Atenas e também dos jovens que mal haviam acabado de sair da adolescência, ainda que essa busca pela arte do bem falar deixasse de lado aquilo que mais importava para homens filósofos como Sócrates e Diógenes: a verdade.

Diógenes, assim como Sócrates havia feito em seu tempo, condenava com veemência essa prática.

– Discurse sobre a virtude e a verdade, e as pessoas passarão em rebanho – dizia. – Assobie, cante e dance, e terá uma plateia!

32

Não é que os filósofos da cidade abominassem Diógenes ou se preocupassem com o que ele dizia. Eles simplesmente o ignoravam. Epicuro, por exemplo, dizia que era impossível a um homem viver uma vida como a de Diógenes ou praticar o que ele pregava.

Diógenes, por sua vez, não os perdoava. Acusava todos eles de desvirtuar o verdadeiro sentido da Filosofia, criando teorias abstratas.

Mas não era só dos filósofos que ele pegava no pé. Quando via o grande orador Demóstenes na rua, apontava-lhe o dedo e dizia, cheio de ironia:

– Lá vai o demagogo de Atenas.

33

Diógenes detestava qualquer tipo de metafísica. Dizia que não servia para nada, a não ser para que os filósofos se exibissem com falsas teorias. E não perdia a oportunidade de perturbar a vida dos pensadores quando os encontrava na rua. Era outra atitude que tinha aprendido com os filósofos cínicos, na Escola de Antístenes, e que combinava com seu instinto de "desfigurar a moeda".

Aos poucos, Diógenes passou a levar ao extremo o que aprendera no Cinosarges. Em pouco tempo, ele se tornaria o pregador cínico mais conhecido da pólis e passaria a ser chamado por muitos de Diógenes, o cão.

34

Não tardou para que os mendigos próximos de Diógenes também passassem a ser chamados de "cães" pelas pessoas que não toleravam sua presença nas ruas e nas praças. E eles não eram mesmo outra coisa: viviam como cães, comiam como cães, dormiam como cães.

Muitos cidadãos os abominavam e usavam as mesmas expressões adotadas para enxotar os cães:

– Sai, cão maldito!

– Não chega perto, cachorro fedorento!

Não raro, seguidas de chutes e pontapés.

35

De tanto ouvir insultos como esses, Diógenes e seus companheiros começaram a assumir uma personalidade "canina". E a ter orgulho de serem chamados de "cães".

Diógenes, o cão, costumava dizer:

– Faço festa com o rabo para quem me dá qualquer coisa na rua, ladro com fúria para os que me negam a esmola e enterro os dentes sem dó nos patifes!

Mas nem aqueles que o elogiavam por sua personalidade canina escapavam de sua crítica:

– Vocês me elogiam, mas não teriam coragem de me levar para caçar...

Em uma segunda tentativa de Alexandre de se aproximar de Diógenes, ao encontrá-lo na rua, o mendigo voltou a ignorá-lo:

– Quem é você? – perguntou ao governante, que o havia interpelado.

– Sou Alexandre, o imperador.

– E eu sou Diógenes, o cão – replicou.

36

Com o tempo, os cínicos de Atenas acabaram aprimorando outra aptidão dos verdadeiros cães: distinguiam de longe os amigos dos inimigos.

37

A associação com os cães não era uma simples coincidência. Diógenes estimava os cães mais do que os seres humanos. Na verdade, ele admirava a natureza mais do que tudo. Para Diógenes, viver próximo e conforme à natureza era a verdadeira vida a ser vivida. E nenhum animal personificava melhor essa vida do que os cães, seres que viviam

muito próximos dos humanos, mas que não precisavam seguir as regras e as convenções da sociedade.

Para Diógenes, os cães, sim, é que exerciam a verdadeira liberdade. Somente os cães, para o filósofo-mendigo, é que eram verdadeiramente felizes.

Assim, se ao chamar Diógenes e seus amigos de "cães" as pessoas julgavam ofendê-los, o tiro saía pela culatra. Para os esfarrapados moradores de rua de Atenas, ser chamado de "cães" era uma honra, o elogio supremo.

38

A vida de Diógenes era uma eterna preparação para o infortúnio.

Ele nunca viu seu barril como o seu porto seguro, da mesma forma que os cidadãos veem como portos seguros as suas casas. Tal qual um cão, ele tinha consciência de que podia ser despejado do seu espaço a qualquer momento, por circunstâncias ocasionais ou pelas autoridades da pólis. Isso não o assustava, pelo contrário. Ele se considerava um cidadão do mundo, sem laços políticos ou vínculos religiosos, e dizia isso com orgulho.

– Não sou grego nem ateniense, mas um cidadão do cosmo, uma criatura do mundo, e não de um estado ou de uma cidade.

39

Da constante preparação para o infortúnio, fazia parte suportar o frio e a fome até seus limites.

Diógenes usava uma túnica rota e suja, que ele nem lembrava mais onde arranjara ou quem lhe dera. O quitão de linho, de estilo jônico, nem sempre era suficiente para aquecer seu corpo nas noites muito frias. No entanto, ele fazia disso algo positivo, encarando as privações físicas como uma forma de revigorar o corpo e a alma para adversidades maiores.

– Se não ganhar mais nada na vida – dizia –, ao menos estou preparado para o que o destino me reservar.

40

Certo dia, um de seus companheiros de rua perguntou-lhe:

– Então, por que você vive, Diógenes? Não se importa em viver bem?

Ao que Diógenes respondeu:

– A vida não é um mal. Viver mal, sim, é que é um mal. Todos os prazeres são efêmeros, a não ser aqueles que obtemos por meio de uma vida modesta e virtuosa.

Era um dos mandamentos do pensamento cínico, que ele incorporara como ninguém. Porém seu amigo não concordou com aquelas palavras. Não era um morador de rua por opção, como Diógenes, mas por necessidade.

– Por Zeus, Diógenes! Você não sente falta de uma família, de uma mulher, de filhos, de amigos, de trabalho, de levar uma vida normal?

Diógenes lançou um olhar distante na direção do horizonte:

– Não sinto necessidade de uma esposa ou de uma mulher – disse, por fim. – O amor é uma paixão tola. Os piores escravos são aqueles que vivem servindo constantemente às suas paixões.

41

Parou por um instante, sem tirar os olhos do horizonte, e continuou:

– Vida normal? O que você chama de vida normal, meu caro?

– Viver como todo mundo – disse o outro. – Trabalhar, ter uma casa, ter amigos, ir ao teatro, ir ao mercado, discursar na ágora, ter uma religião, procriar...

– E por que eu deveria desejar isso, se tenho tudo de que preciso? Tenho a liberdade de ir aonde quiser. Não sou refém das convenções. Nenhum deus ou religião me impõem qualquer obrigação de nenhuma espécie. Não sou escravo da fama, da glória, da arrogância, da soberba. Tenho de meu apenas a modéstia. A modéstia é a essência da virtude. Por trás de toda presunção se esconde a sombra da arrogância. Não padeço desse mal. Não sei nada além da minha ignorância. Corto o mal pela raiz ao viver da forma mais simples e próxima da natureza.

42

Quando terminou de falar, Diógenes percebeu que não apenas seu parceiro o ouvia, mas também um pequeno grupo de homens se formara enquanto ele lançava suas palavras com o olhar perdido no infinito.

Foi por essa época que Diógenes começou a discursar pelas ruas. Como Sócrates em seu tempo, ele começou a ver a si mesmo como um instrumento para mudar a mentalidade dos cidadãos, libertá-los dos elos mentais que os aprisionavam. Mesmo que as pessoas não parassem para ouvi-lo e até se rissem dele. Mesmo que, com seus discursos inflamados, não fizesse mais do que dar mais motivos para que os passantes concordassem com o que Platão dizia a seu respeito.

43

Um dia a frase de Platão chegou aos ouvidos de Diógenes. Platão era muito considerado em Atenas e suas palavras tinham mais peso que as de qualquer outro cidadão da pólis. Diógenes não se ofendeu nem foi tirar satisfação com o filósofo em sua Academia. Não criticava o homem Platão, mas seu discurso, sua filosofia e seu modo de vida.

– Para que serve um filósofo, senão para ferir os sentimentos das pessoas? – disse ele certa vez, em uma de suas pregações.

Ao mesmo tempo, via os pensadores como pessoas bem-intencionadas, ainda que na maior parte das vezes, segundo ele, estivessem equivocadas. Para Diógenes, a melhor filosofia era a que apregoava a virtude e a modéstia como regras para a existência. E ela só poderia ser correta se estivesse em praças da Atenas decadente dos séculos IV e III a.C., em defesa de uma vida natural e autônoma, indiferentes às convenções sociais.

No Império Romano, a partir do século II da nossa era, os ensinamentos do Cinosarges se converteram em uma corrente filosófica popular, acessível às pessoas humildes das classes mais pobres. Isso incomodou as elites de Roma, que não viam com bons olhos aquela "oposição filosófica" ao imperador. Logo o cinismo se tornaria um movimento de massa, cultuado pelos primeiros cristãos, pelos aristocratas de Roma, pelos educadores e moralistas imperiais, pelos Padres da Igreja.

44

Na época moderna, após o século XV, alguns importantes filósofos e escritores se inspiraram no pensamento cínico de Diógenes para escrever e propor novas teorias em seu tempo. Entre eles estavam Erasmo de Roterdã, Thomas Morus, Michel de Montaigne, François Rabelais, Denis Diderot, Friedrich Nietzsche.

Alguns teóricos sustentam que o cinismo pregado por Diógenes foi o precursor do pensamento anarquista e do movimento hippie dos anos 1960.

No mundo atual, porém, a palavra cinismo teve o seu significado alterado. De comportamento subversivo e transgressor, indiferente às convenções sociais e à hipocrisia, o cinismo se converteu na atitude própria dos que eram criticados pelos antigos "cães" de Atenas.

Ser cínico, em nossa época, não é mais viver uma vida modesta e virtuosa, em proximidade com a natureza, como Diógenes vivia, mas valorizar em excesso os bens materiais e os poderosos, viver mergulhado na soberba e na arrogância, acreditar que os meios justificam os fins e preocupar-se mais com a aparência do que com o espírito e o intelecto.

Do velho cinismo de Diógenes, o cinismo atual herdou apenas o descaramento, que o filósofo-mendigo usava para afrontar aqueles a quem considerava indignos e velhacos.

45

Uma coisa, contudo, não mudou desde o remoto século IV a.C., época em que Diógenes viveu. Uma cena bastante parecida com a das vielas e becos de Atenas de 2.500 anos atrás continua presente no cotidiano das cidades e das metrópoles atuais: onde há um morador de rua, um mendigo, um esmoleiro, um pedinte, um indigente, sempre se pode ver um cão ao seu lado a lhe fazer companhia.

POSFÁCIO

E OS CÍNICOS MODERNOS

O mundo contemporâneo operou uma inversão no sentido da palavra *cinismo*, desde sua origem, na Grécia clássica tardia. Se na pólis dos séculos V e IV a.C. e, um pouco mais tarde, no Império Romano dos séculos II e III da nossa era, esse vocábulo (originado do grego *kynismós* e do latim *cynismus*, "como um cão") sugeria um comportamento avesso às convenções, às tradições e aos valores da nascente sociedade ocidental, atualmente ele indica a aceitação cômoda do que está estabelecido e o convívio conveniente com as injustiças e as mazelas sociais presentes no mundo globalizado.

A luta acirrada pelos bens materiais e pelo poder, a competitividade profissional, o jogo de aparências nas redes sociais, a obsessão pelos "quinze minutos de fama", o hedonismo, o individualismo e a irresponsabilidade com o planeta constituem, entre outros fatores, a base do nosso espírito de época, os aspectos pelos quais seremos lembrados no futuro, se ele acontecer.

As tecnologias nos oferecem o progresso. A medicina e a psicanálise nos possibilitam a mente e o corpo sãos. As religiões nos prometem bens materiais e a vida eterna. O trabalho nos proporciona o sustento, mas também a satisfação ilusória do consumo. Em troca, aceitamos cinicamente as satisfações efêmeras e a hipocrisia – e fechamos os olhos para as imposturas e as injustiças.

Diante desse cenário, Diógenes, o Cão nunca foi tão atual. Seu mundo continua sendo o dos párias, dos lúmpens e errantes, dos excluídos e despossuídos que vivem à margem, dos que não deram certo no sistema, daqueles, enfim, com quem temos de conviver em nome de uma ética de fachada, mas que no fundo desprezamos, porque personificam o fracasso, a decadência e a miséria, dos quais queremos nos proteger e nos afastar.

Nada muito diferente do cotidiano com o qual o filósofo-mendigo deparava-se nas ruas de Atenas, com seus teatros, seus templos, seus deuses e seus mitos, mas também seus excluídos e despossuídos, seus escravos e bárbaros, seus desonrados e exilados. Na época de descobertas de novas partículas subatômicas, da clonagem humana, da inteligência artificial, do metaverso e das possibilidades infinitas de expedições a outros planetas, os "cães" continuam presentes nas ruas das cidades do mundo. Apenas não os enxergamos.

A história de Diógenes não é apenas a narrativa da vida de um filósofo considerado antissocial, fora dos padrões da sociedade. Ela é um convite à reflexão contemporânea sobre todos os aspectos morais da vida atual e de suas implicações e consequências. Para nós, para os que nos são próximos e para os que nos são distantes. Para os de hoje e para os de amanhã.

As reflexões que essa história suscita são as responsáveis pelo fato de uma vida tão frágil e tão singular como a de Diógenes ter atravessado o tempo e chegado até nós. Nessa fragilidade e nessa singularidade reside justamente a sua força.

A AUTORA

Sou paulistana, 60 anos, formada em jornalismo pela Faculdade Cásper Líbero. Trabalho desde os anos 1990 na área editorial como editora e produtora de conteúdo.

Desde a adolescência tomei gosto pela literatura. O interesse precoce pelo universo simbólico das palavras definiu minha trajetória no mundo, fosse lendo, editando, elaborando conteúdos e, enfim, tomando coragem de escrever meus próprios livros. Tenho doze obras publicadas entre relatos autobiográficos, romances adultos e juvenis, obras de não ficção e livros de contos e crônicas.

Antes de me interessar pelo filósofo-mendigo Diógenes de Sinope, me interessei pelo pensamento cínico na Filosofia. O sentido dessa palavra na atualidade e suas implicações éticas, históricas, etimológicas, semânticas e culturais estão na gênese da inspiração que me levou a conceber a ideia dessa história. Sem ser um morador de rua, tenho muito de Diógenes na minha forma de ser e estar no mundo. Ele é o filósofo que mais me inspira na Filosofia.

Se há alguma tese da qual essa narrativa se aproxima é a de que, apesar das muitas reviravoltas que o mundo experimentou nos últimos 2.500 anos, época em que Diógenes viveu, a virtude permanece como uma possibilidade de vida com princípios e valores que a façam valer a pena, na contramão do mundo individualista, hedonista e consumista em que vivemos.

Samira

A ILUSTRADORA

Nasci em Belo Horizonte, onde vivo e trabalho. Sou designer gráfico formada pela Universidade do Estado de Minas Gerais (UEMG) e artista gráfica formada pela Universidade Federal de Minas Gerais (UFMG). De lá para cá, trabalho principalmente na área editorial, no desenvolvimento de projetos e como ilustradora.

Pelo grupo Autêntica, já ilustrei *Você é livre!*, *Nós 4*, *Amor e guerra em Canudos*, *Perdidos no tempo*, *O canto das sereias* e *A estranha viagem da garota de cabelo azul*.

Gostei muito de ilustrar este livro cujas reflexões são tão atuais, pensando sobre quem são os "Diógenes" por quem passamos e não enxergamos, sobre nossas reais necessidades e se respeitamos verdadeiramente as pessoas que vivem de forma diferente da nossa.

Christiane S. Costa

Este livro foi composto com tipografia Minion e
impresso em papel Offset 90g/m² na Formato Artes Gráficas.